AF498041

DES

SOCIÉTÉS MUTUELLES

DE CONSTRUCTION

ET

DE PRÉVOYANCE IMMOBILIÈRE

(BENEFIT BUILDING SOCIETIES)

Par P. C.

Ancien Ingénieur au service de l'État

PRIX 25 c.

PARIS

IMPRIMERIE DE GUIRAUDET ET JOUAUST

RUE SAINT-HONORÉ, 338

1857

DES
SOCIÉTÉS MUTUELLES

DE CONSTRUCTION

ET

DE PRÉVOYANCE IMMOBILIÈRE

(BENEFIT BUILDING SOCIETIES)

Par P. C.

Ancien Ingénieur au service de l'État

La cherté des logements dans Paris n'est pas seulement le résultat de quelques circonstances accidentelles; elle est commandée par une cause dont l'influence persistera pendant plusieurs années : je veux dire les chemins de fer.

Les chemins de fer qui commencent à sillonner le continent favorisent particulièrement, en effet, l'accroissement de la population parisienne. Paris n'est plus seulement pour l'Europe la capitale d'une grande nation, le théâtre des plaisirs et le temple du goût, mais il est devenu le bureau central des affaires, et, malgré son éloignement de la mer, il acquiert chaque jour plus de droits à être considéré comme l'une des plus grandes places de commerce du monde.

Cependant les chemins de fer qui lui ont préparé peu à peu cette position métropolitaine se bornent à peu près à desservir les contrées septentrionales. Que deviendra Paris lorsque la Suisse, qui touche à l'Europe centrale, lorsque l'Espagne et l'Italie, qui ont tant d'affinités avec la France, seront dotées de ces voies de communication dont elles connaissent à peine des spécimens ; lorsque notre Midi, qui n'est guère plus avancé, lorsque le centre de la France, qui est tout à fait en arrière, posséderont à leur tour des réseaux de circulation rapide ?

Indépendamment de cette cause générale, plusieurs circonstances particulières ont subitement activé l'accroissement du nombre des habitants de Paris.

La haute position politique conquise à la France par la sagesse suprême de l'Empereur, la tranquillité merveilleuse que son intelligente administration a maintenue, l'élan extraordinaire donné au travail, la réduction des temps de chômage si funestes aux classes laborieuses, tous ces faits ont agi avec une telle promptitude que les logements manquent aux locataires, malgré les nombreuses constructions qui s'élèvent constamment.

Quand on songe que plus de cent mille personnes sont venues, dans la dernière période quinquennale, demander l'hospitalité aux demeures parisiennes, et que ce chiffre représente une ville de premier ordre, on s'étonne que Paris ait pu y suffire ! Se figure-t-on Bordeaux, par exemple, dépeuplé tout entier au profit de

Paris ! et, par contre, Paris ayant à construire en quelques années une cité nouvelle de l'importance de Bordeaux ! Et bien ! c'est cependant ce qui a lieu, et ce qui explique d'une manière générale la hausse des logements.

On trouve encore une raison momentanée de cette hausse dans les démolitions et dans la substitution des appartements luxueux aux logements sordides et malsains que les ouvriers, les contre-maîtres, les petits fabricants d'articles de Paris occupaient dans les quartiers centraux. Il a fallu obéir aux nécessités impérieuses de la circulation et aux lois de l'hygiène ; aussi y a-t-il peu de logements pour les classes laborieuses le long des larges voies nouvellement ouvertes : car le grand commerce y trouve à peine sa place, et la multiplicité des vastes et riches magasins qui occupent les quartiers neufs justifie assez le besoin qu'on en avait.

Les commis et employés sont encore plus malheureux que les ouvriers et les petits fabricants, parce que leurs appointements ne se modifient pas en raison de l'accroissement des affaires, comme le salaire et le gain des ouvriers ; cependant leur position sociale leur impose une tenue plus dispendieuse.

Partout les souffrances sont grandes. On les supporte avec une certaine patience : ici, parce qu'on espère une réaction dans les hauts prix des loyers ; là, parce qu'on a trouvé dans le développement des affaires des ressources nouvelles. Mais, si une crise financière ou commerciale survenait, il serait à craindre que des désordres violents n'éclatassent du milieu d'une population si accablée, et nul ne peut prévoir l'issue qu'elle s'ouvrirait.

Pour remédier à cette situation, il n'y a qu'un moyen régulier, un seul : c'est d'augmenter rapidement la construction de petits logements, principalement dans les quartiers éloignés, et de compenser autant que possible cet éloignement par la facilité des communications et par le bon marché. — *La demande* aura tendance à se mettre en équilibre avec *l'offre*, si le nombre des logements s'accroît *plus vite* que celui des locataires.

Mais les capitaux actuellement consacrés à l'industrie du bâtiment s'appliquent naturellement aux grandes constructions, qui leur donnent le plus de bénéfices ; et en outre, la classe bourgeoise évite les immeubles dont la clientèle, prise dans la classe laborieuse, présente des désagréments de diverses natures.

Aussi, pour entraîner des capitaux vers les constructions de logements à bon marché, la première idée a-t-elle été de s'adresser au gouvernement et de lui demander des faveurs spéciales et extraordinaires ; mais il faut reconnaître que, si ces faveurs étaient importantes, elles pourraient causer d'autres genres de perturbations ; et si elles sont réduites à de faibles proportions, elles n'auront pas d'effet. Enfin elles entraîneraient l'État dans une voie dont beaucoup de gens pourraient s'effrayer.

Il faut donc s'adresser ailleurs, invoquer d'autres sentiments que celui du gain ; puiser dans d'autres bourses que dans celle de l'État ; constituer des éléments de garantie contre la mauvaise clientèle.

Il faut s'adresser à des capitaux petits, mais *très
multipliés*, dont le déplacement dans ce cas ne peut
causer aucune perturbation, dont l'absence sera insen-
sible sur les points d'où ils partiront, et dont l'exigence
en fait de gains sera modeste, parce qu'ils trouveront
leur compte d'une autre manière, ou parce qu'une
pensée généreuse s'alliera à leur emploi. Il faut prendre
ces capitaux par petites cotisations périodiques, dans
les poches mêmes des locataires économes, c'est-à-dire
dans celles des hommes qui devront les premiers en
recueillir les fruits. Ces capitaux pourraient être réunis
dans la caisse d'une grande association ; si celle-ci était
patronnée, encouragée et appuyée par l'État, l'effet en
serait immanquable : car on se met toujours, en
France, à la suite de l'État, dont le crédit est décisif.

Cette association, opérant en grand, obtiendra les
constructions au meilleur marché possible.

En groupant des masses de locataires sur un même
point dans un quartier neuf, elle pourra plutôt s'entendre
avec l'administration municipale de Paris, avec celles
des omnibus et des voies ferrées, pour doter ce quartier
de moyens faciles et économiques de communication.

En créant un lien entre les locataires, elle les rendra
moralement solidaires les uns des autres et établira entre eux cette surveillance réciproque qui garantit exac-
tement la rentrée des loyers et l'exécution des engagements.

Enfin, en ne prenant pour locataires que ceux qui ont
donné une première preuve de leur moralité et de leur
bonne situation par des versements de cotisations du-

rant un certain temps, l'association inspirera aux détenteurs de terrains, aux fournisseurs de matériaux, aux entrepreneurs de main-d'œuvre, un nouveau degré de confiance, et pourra jouir de longs crédits.

En Angleterre il s'est formé dans un but analogue de nombreuses sociétés connues sous le nom de *Benefit Building Societies* ; *Freehold land Societies* et que l'on peut appeler en français des *Sociétés mutuelles de Constructions* ou des *Sociétés mutuelles d'Acquisitions immobilières*. Ces sociétés possédaient en 1851 un capital de 125 millions de francs. Cependant elles ne sont point encore connues en France ; mais le moment est venu d'examiner si, en traduisant dans le goût français leur mécanisme plus particulièrement approprié aux habitudes anglaises, on ne pourrait les appliquer utilement à l'accroissement des logements.

Le principe anglais de ces sociétés est de réunir dans une caisse commune les petites cotisations hebdomadaires ou mensuelles des membres souscripteurs, et au fur et à mesure qu'il s'est formé dans la caisse une somme suffisante pour acquérir un immeuble, on la met à la disposition des sociétaires pour une acquisition de maison, de jardin, de terre arable ou de ce bail à long terme que l'on désigne sous le nom de *lease*. Celui des sociétaires qui offre de prendre aux meilleures conditions d'intérêt cet argent remboursable par les cotisations annuelles auxquelles il s'est engagé, en devient adjudicataire et on le lui délivre moyennant les garanties suffisantes fournies par l'immeuble. Le gouvernement anglais, voyant dans ce système de sociétés un moyen de multiplier les propriétaires, d'accroître le nombre des électeurs indépendants, et d'intéresser à l'ordre public une plus grande multitude de citoyens, a fait adopter par le Parlement une loi qui range ce genre de sociétés sous la législation libérale des *friendly societies* correspondant à nos *sociétés de secours mutuels*. Il a introduit dans cette loi la permission de prêter aux sociétaires à un taux d'intérêt plus élevé que l'intérêt légal. Ceci était fort nécessaire, car souvent, dans la chaleur de l'enchère, les concurrents élèvent à 10 et même à 14 pour cent l'escompte de l'argent qu'ils doivent recevoir en échange de leurs futures cotisations. On voit d'après ces détails succincts qu'en Angleterre le développement de ces sociétés a tenu à des causes politiques et aux avantages pécunaires qu'en retirent ceux des associés qui se bornent à payer leurs cotisations sans acheter d'immeubles, et qui même avancent des fonds à la société. Aussi le rédacteur de cette note, ayant eu occasion de faire en Angleterre, il y a huit ans, quelques recherches à ce sujet, a-t-il recueilli, de la bouche de l'un des promoteurs d'une grande société de cette nature établie à Londres, cet aveu : « *Les sociétés dites Benefit building Societies ont été favorisées par le Parlement pour qu'elles puissent être utiles aux petites gens, mais ce sont les gens riches qui en tirent le profit le plus clair.* » En effet, le petit souscripteur, ardent à acheter et à posséder immédiatement un immeuble qu'il ne doit payer que par à-compte mensuels, consent facilement à un très haut intérêt de l'argent. Ajoutons que souvent il y trouve cependant aussi son profit.

Le principe d'un intérêt usuraire ne serait point admis en France, et il faut chercher une autre forme plus compatible avec nos lois et appropriée au goût français. On peut en imaginer plusieurs.

En voici une qui a réussi près de Paris, dans la commune de Belleville, où chacun peut voir un village de 50 petites maisons bourgeoises. Il a été construit par une société mutuelle de 50 personnes réunies dès 1850 par l'influence d'un intelligent et actif employé de la Caisse d'épargne de Paris, M. Meissonnier.

Le fait est peu connu, et le soussigné n'a su l'existence du village et de la société que par hasard et à l'occasion des études qu'il faisait lui-même pour rechercher les meilleurs moyens d'organiser en France des *Benefit building Societies.*

Chacune des 50 personnes de cette société a fait une première mise de 150 fr. et s'est engagée à une cotisation de 3 fr. par semaine. Avec les premières sommes réunies en caisse, la société a payé un premier à compte sur le prix d'achat d'un terrain de 22,000 mètres carrés situé un peu en dehors des fortifications dans le bois de Romainville. On a nivelé la surface et tracé un rond-point d'où partent quatre rues principales; une rue de ceinture a circonscrit l'emplacement : on a ainsi employé environ 5,000 mètres de terrain. Les 17,000 mètres restant dans les polygones déterminés par les rues ont été divisés en 50 lots d'environ 350 mètres carrés chacun. Ces lots ont été tirés au sort entre les

50 associés ; et, aussitôt le terrain désigné, chacun s'est occupé, à ses frais, d'enclore sa propriété de murs, de créer des jardins, de dessiner des parterres, de planter des arbres fruitiers. Tous ont mis plus ou moins la main à l'œuvre. Le mur de clôture du côté de la rue a été tenu assez bas et porte une grille en bois.

Pendant ces travaux, les cotisations allaient leur train, et bientôt la caisse a présenté une somme suffisante pour élever une première construction. Des plans de maisons à peu près uniformes avaient été arrêtés d'avance, et le prix fixé entre 3,500 et 4,500 fr., selon le type et la grandeur. Le sort a décidé le nom du sociétaire sur le terrain de qui la maison a dû être bâtie. Au fur et à mesure que la caisse a offert des sommes suffisantes, on a bâti d'autres maisons. Le souscripteur favorisé qui est mis en jouissance d'un immeuble paye aussitôt un supplément de cotisation de 4 fr. par semaine, ce qui fait en tout 7 francs par semaine. Sur ces 7 francs, on lui retient, au profit de la société, l'intérêt à 5 0/0 des sommes employées pour lui, le surplus sert d'amortissement. Ainsi les uns amortissent à raison de 3 francs par semaine, les autres à raison d'un peu moins, ou d'un peu plus. En moyenne, l'amortissement doit avoir lieu en une dizaine d'années, et le souscripteur devenir après cette période incommutablement propriétaire de son immeuble.

La maison occupe une surface d'environ quarante mètres carrés. Elle est élevée en partie sur caves ; le rez-de-chaussée, auquel on arrive par trois marches, se compose d'une petite salle à manger, d'une petite cuisine et d'une belle pièce à deux croisées, avec une porte descendant sur le jardin ; on y trouve encore des lieux d'aisances et un escalier conduisant à un premier étage, où il y a une jolie chambre à feu avec alcôve et un grand cabinet de toilette où pourrait coucher un enfant ; plus une belle chambre à deux lits et à deux fenêtres, que l'on pourrait, comme la pièce correspondante du rez-de-chaussée, couper en deux, car on a ménagé dans le mur l'emplacement d'une seconde cheminée. La façade de la maison est en retraite sur la rue, et distante de deux ou de trois mètres à gauche et à droite de chacun des deux murs de clôture, en telle sorte qu'une voiture ou charrette attelée pourrait entrer et passer derrière la maison. Un parterre occupe le devant et s'aperçoit de la rue à travers la grille en bois peint ; un joli jardin s'étend du côté opposé. Un puits commun a été creusé sur la limite des deux habitations : chacune d'elles n'a donc eu à supporter que la moitié de la dépense. Les façades de toutes les maisons sont alignées, bien qu'elles ne soient pas sur la rue et qu'il n'y ait pas contiguïté entre elles.

L'aspect de ce village, bien percé, bien bâti, à rues larges, à maisons alignées, et d'une physionomie riante, en apprend plus en une demi-heure que la lecture d'un volume de raisonnements ; et l'on comprend tout de suite, en le voyant, qu'il doit être facile d'en organiser de semblables : car rien n'est plus instructif que l'exemple.

Quand on compare le village si bien nommé *de l'A-*

venir aux sales villages que nous connaissons, dont les ruelles étroites, tortueuses, sans alignement, sont bordées de maisons irrégulières, mal aérées, on prévoit combien les environs de Paris peuvent se trouver embellis par la formation et par l'établissement de ces *Sociétés mutuelles* de constructions.

On a fait contre ce système une première objection : c'est celle de la lenteur avec laquelle les capitaux arrivent. En effet, à partir des premiers 7,500 fr. d'entrée, la caisse ne devait plus recevoir que 150 fr. par semaine : il fallait donc attendre six mois avant que la première maison fût décidée, et un an avant de la voir construire. Cela est long ; depuis l'an 1850, époque où la société de Belleville fut fondée, elle ne devrait pas avoir aujourd'hui plus d'une quinzaine de maisons construites.

Mais heureusement il a surgi un autre élément d'accroissement du capital, qui a plus que doublé les forces ; en sorte qu'aujourd'hui, comme il a été dit plus haut, le village est presque entièrement habité et achevé.

Cet élément d'accroissement du capital, c'est le concours donné à la société par quelques-uns de ses membres déjà possesseurs de quelques épargnes.

Dès que la société s'est montrée en bonne situation ; dès que l'on a vu les cotisations régulièrement payées, et que chacun s'est rendu compte du succès ; dès que la confiance a été assise, confiance d'autant plus grande qu'elle s'est trouvée corroborée par les liens affectueux dont les associations sont toujours la cause et l'origine, aussitôt chacun est venu porter à la caisse, qui 1000 francs, qui 500, qui une petite succession ; l'un d'eux a été jusqu'à 8,000 fr. Ces sommes ont été remises à titre d'avance garantie par les valeurs sociales déjà existantes, mais sans hypothèques et moyennant l'intérêt à 5 0/0 assuré par la cotisation supplémentaire des possesseurs de maisons. Chaque année un même concours de cette nature est venu permettre de multiplier les constructions; en telle sorte qu'au mois de juin 1856, lorsque les cotisations n'ont encore atteint que le chiffre de 57,000 francs, les prêts et avances faits à la société par une portion des sociétaires se sont élevés à environ 115,000 francs.

Telle est donc la puissance de l'association et de la confiance qu'inspirent des hommes intéressés en commun à une propriété immobilière DÉTERMINÉE, que, sur la promesse d'une cotisation de 3 francs et de 7 francs par semaine, on se décide à faire un prêt bien supérieur au capital réalisé.

Semblable fait s'est passé en Angleterre. Comme il a été dit ci-dessus, les *Benefit building Societies* reçoivent beaucoup d'argent des sociétaires, dont généralement une partie n'a pas l'intention d'acheter et ne se présente jamais pour emprunter à la société, mais lui prête, au contraire, de l'argent dans l'espoir d'un intérêt extraordinaire. En France, on le répète, le sentiment de fraternité ou d'esprit de corps, qui se développe si rapidement dès qu'il se forme une association, a remplacé l'appât des gros intérêts; mais disons cependant que le désir de rapprocher l'époque

où l'on jouira d'une maison, et le désir non moins
naturel de voir achever le village qu'on habite, jouent
un rôle prépondérant dans l'apport de l'argent à la
caisse sociale; et c'est tant mieux : car le dévouement
pur et l'esprit de corps risqueraient de s'user sans ces
mobiles intéressés.

L'objection de la lenteur avec laquelle les capitaux
s'accumulent peut donc être combattue par les espé-
rances fondées de trouver des prêteurs parmi les sociétaires, ou même en dehors. Or, on peut être certain que,
si le gouvernement accorde à ces sociétés le concours
moral auquel on attache, en France, tant de prix, on
verra, comme dans la société de Belleville et dans les
sociétés anglaises, les constructions activées par des
capitaux adventifs.

D'ailleurs il faut remarquer que la lenteur des constructions n'est qu'un fait relatif. La lenteur se fait sen-
tir au détriment des sociétaires qui entrent les derniers
en jouissance des maisons; mais si la société est très
nombreuse, il y aura tous les mois beaucoup d'argent
en caisse et beaucoup de constructions élevées. Les détenteurs de terrain, garantis par les maisons édifiées
sur leur terrain, se contenteront d'à-compte pendant
les premières années; les entrepreneurs donneront eux-
mêmes des délais de payement, et les sociétés pourront,
indépendamment de tout prêt extérieur, bâtir la première année pour beaucoup plus d'argent qu'elles
n'en retireront des cotisations. La seconde année, les
loyers des maisons déjà construites feront rentrer de
nouveaux capitaux, et ainsi de suite, en sorte que,

chaque année, s'accroîtra le capital consacré aux bâtisses.

En favorisant la création de sociétés mutuelles de constructions pour Paris et pour la banlieue, ces sociétés fussent-elles bornées à leurs simples cotisations périodiques, sans autres ressources, le gouvernement déposerait dans la population parisienne une institution dont l'effet serait de combattre indéfiniment l'accroissement des loyers en mettant le nombre des logements en équilibre avec le nombre des locataires !

P C.

N. B. Si cet écrit est accueilli avec quelque faveur, j'indiquerai dans une autre édition les bases d'une société qui pourrait fonctionner à Paris sur une grande échelle.

DES
SOCIÉTÉS MUTUELLES
DE CONSTRUCTION

ET

DE PRÉVOYANCE IMMOBILIÈRE

(BENEFIT BUILDING SOCIETIES)

Par P. C.

Ancien Ingénieur au service de l'État

———

(SUITE DU PREMIER FASCICULE.) — PRIX : 25 CENTIMES.

———

Il importe de rendre sensibles les avantages que présentent les *Sociétés mutuelles de constructions et d'épargne immobilière*. Les explications suivantes montreront à toute personne économe qui veut placer ses épargnes sur un immeuble proportionné à ses moyens que, si elle entre dans une Société mutuelle de construction, elle aura un immeuble à meilleur marché, elle en jouira plus tôt, et surtout elle le payera avec des à-compte d'une telle exiguïté et un délai d'une telle longueur qu'elle n'aurait jamais pu espérer de semblables avantages si elle eût demeuré dans son isolement.

———

Supposons mille petits épargneurs mettant de côté, chacun isolément, 6 francs par semaine, et les plaçant à 5 p. 100 dans le but de devenir propriétaires d'une mai-

2

sonnette entourée d'un jardinet, du prix d'environ 7,000 fr. et située auprès de Paris.

Il faudra que chacun attende environ 15 ans avant d'avoir réuni les 7,000 francs ; et, comme en général les immeubles de ce prix se payent comptant, ou à peu près comptant, ces mille aspirants propriétaires ne pourront guère réaliser leurs vœux qu'aux approches de la quinzième année.

Supposons maintenant qu'au lieu de demeurer isolées les unes des autres, ces personnes se réunissent en une société dont le but serait d'employer en faveur de chacun des sociétaires, successivement et jusqu'à concurrence de 7,000 francs, les sommes résultant des cotisations au fur et à mesure des versements.

On voit tout de suite qu'à la fin du premier mois de cotisation, le caisse aura reçu 24,000 francs avec lesquels trois des sociétaires pourront immédiatement s'assurer l'immeuble désiré.

Cet immeuble sera mis au nom de la Société, pour la garantir, jusqu'à l'époque où il sera intégralement payé, et l'heureux concessionnaire continuera à verser sa cotisation hedbomadaire, pour reformer le capital des 7,000 fr. employés en sa faveur. Il devra naturellement y ajouter l'intérêt à 5 p. 100, intérêt qui équivaut à 6 fr. 75 par semaine ; le sociétaire payera donc 12 fr. 75 par semaine ; mais il jouira de l'immeuble, et n'aura plus de loyer à payer pour se loger lui-même, ou bien il en tirera un loyer en logeant autrui.

Au second mois, il y aura trois autres sociétaires favorisés, et ainsi de suite, de mois en mois.

Ce premier coup d'œil montre déjà que, si les moins favorisés des associés, ceux qui resteront les derniers, doivent attendre 14 et 15 ans avant de voir arriver leur tour, et si, *sous ce rapport*, ils n'ont en rien changé leur position, au moins tous les autres auront-ils pu atteindre avant ce terme le but de leurs efforts. Les premiers sociétaires favorisés se trouveront immédiatement dans les mêmes conditions que s'ils eussent déjà formé toutes leurs économies; ils devanceront l'avenir, et ils entreront immédiatement en jouissance d'un immeuble qu'ils ne payeront que par de très petits à-compte et dans un délai d'une longueur inusitée.

Il reste une question importante à résoudre : celle de la désignation des sociétaires qui pourront les premiers prétendre à la répartition successive des fonds provenant de la caisse.

On a vu que, dans la Société *L'Avenir*, c'est le sort qui en a décidé, mais qu'en Angleterre, l'attribution des sommes disponibles s'effectue entre les sociétaires au moyen d'une enchère *sans limites* sur le taux de l'intérêt que le bénéficiaire doit servir à la Société pour les sommes qu'elle lui attribue.

Le tirage au sort paraîtrait devoir mieux convenir aux mœurs françaises. La qualification de *Société mutuelle* semble indiquer en effet le règne d'un esprit d'égalité, que l'on contrarierait en laissant au plus riche la faculté de s'assurer un immeuble par une enchère hors de la portée de ses coassociés.

Il y a, cependant, plusieurs observations à présenter relativement à ce système.

Le tirage au sort a pu s'appliquer sans difficultés dans une Société composée d'un petit nombre de membres et où les sociétaires, appartenant à très peu près aux mêmes catégories sociales, s'étaient groupés par une sorte d'affinité affectueuse. Il s'agissait de terrains dont les contenances et la valeur étaient égales et dont la position était sensiblement la même eu égard aux grandes voies publiques; les maisons étaient aussi d'un modèle presque uniforme.

Mais le tirage au sort donnera lieu à diverses difficultés s'il s'agit d'une Société de mille personnes.

En effet, dans une réunion si nombreuse, il y aura de grandes variétés de situations sociales, de convenances particulières et de ressources personnelles.

On trouvera certainement plusieurs sociétaires qui auront des économies antérieures, ou, qui faisant de bonnes affaires, seront plus pressés de jouir; d'autres à qui pourra échoir un petit héritage et qui voudront mettre un peu plus de 7,000 fr. à leur immeuble; quelques-uns, trouvant leurs convenances, seront disposés à consentir quelques sacrifices pour les acquérir. Un grand nombre, au contraire, ne paieront leurs cotisations qu'à force de privations, et ne se trouveront pas, dès les premières années, en mesure de profiter de la somme qui serait réservée en leur faveur : car leur entrée dans la Société n'a pour but que de préparer leurs fonds pour une époque plus lointaine.

Sans aller plus loin, il est aisé de voir que le sort
aveugle peut déplaire à ceux qu'il favoriserait et con-
trarier les intérêts de certains sociétaires disposés à
acheter ses faveurs au prix d'un sacrifice profitable à la
Société.

Il semble donc qu'il serait mieux, *sans repousser
absolument le recours au sort dans certaines limites*, de
chercher à satisfaire aux convenances particulières des
associés, en faisant aussi intervenir une sorte d'adjudication à laquelle se présenteraient ceux qui, se trouvant
dans des circonstances convenables pour prétendre à
un immeuble, ne craindraient pas de faire, à cet effet,
abandon d'une partie de leurs avantages sociaux et
d'offrir quelques bonifications à leurs associés.

Essayons de poser, pour cette adjudication, quelques
bases qui sont d'ailleurs essentiellement modifiables.

Nous avons dit que, le premier mois, il y aura
trois parts de 7,000 francs à offrir aux sociétaires.

Admettons que 250 d'entre eux se présentent pour
obtenir l'attribution d'une de ces parts.

Il n'y aura rien d'injuste à leur demander de faire
porter une enchère sur une augmentation de l'intérêt
que les bénéficiaires devront payer à la Société; au lieu
de l'intérêt de 5 p. 100 les concurrents pourront offrir
5 1/4 p. 100, 5 1/2 p. 100, 5 3/4 p. 100 et enfin 6 p.
100, la loi ne permettant pas d'aller au delà : la Société gagnera un pour cent par an sur les sommes
qu'elle aura prêtées.

Admettons que cet accroissement d'intérêt fasse reculer cent concurrents, il n'en restera plus que cent cinquante.

Il n'y aura rien d'injuste à faire lutter ces cent cinquante amateurs sur le temps nécessaire au remboursement. L'adjudicataire, au lieu de payer sa cotisation de 6 fr. par an pendant les 15 ans environ nécessaires à la recomposition de la somme de 7,000 francs empruntée, sera par exemple entraîné, dans la chaleur des enchères, au moment de l'adjudication, à payer 12 fr. par semaine, en sus de l'intérêt à 6 p. 100.

Dans cette hypothèse, les 7,000 fr. seront plus tôt rentrés dans la caisse; et, si le même fait se reproduit dans les adjudications successives, les derniers favorisés des mille sociétaires, au lieu d'attendre quinze ans, pourront obtenir leur part de 7,000 francs plusieurs années avant ce terme extrême. L'accroissement dans le chiffre de l'amortissement est donc dans l'intérêt social.

Il ne conviendrait pas cependant de laisser les enchérisseurs dépasser de beaucoup le chiffre précité de 12 francs ou de deux cotisations, et cela pour plusieurs motifs.

D'abord, ce chiffre maintient entre les membres, dans une certaine mesure, le principe d'égalité qui doit toujours régner plus ou moins dans une association fondée sur la mutualité. Il ne faut point laisser à des sociétaires beaucoup plus riches que les autres les moyens d'écraser avec certitude leurs concurrents; or, le payement de deux cotisations au lieu d'une peut être à la portée d'un assez grand nombre de personnes pour que cette condition ne crée point un privilége trop sensible en faveur des gros épargneurs.

Il importe aussi, en dehors du motif précité, de ne point offrir trop de latitude à l'imprudence, et de ne point laisser trancher l'adjudication en faveur d'un sociétaire qui ne mesurerait pas ses forces et qui, pour obtenir la préférence, s'engagerait à un payement hebdomadaire trop élevé.

Supposons que le payement de deux cotisations au lieu d'une ait réduit le nombre des concurrents à 50.

Arrivé à ce point, on pourrait déjà tirer au sort entre les 50 concurrents ; mais on pourrait encore les mettre en compétition sur une prime à payer au profit absolu de la Société, et qui consisterait, par exemple, dans l'abandon ou dans la réduction du taux des intérêts auxquels ils ont droit pour leur cotisation ; abandon qui, en vertu des motifs ci-dessus énoncés, ne devrait avoir lieu que pour un temps limité et pour un nombre limité aussi de cotisations : car il faut, on le répète, que tous les éléments qui servent de base aux enchères entre les concurrents soient, autant que possible, à la portée de tous les sociétaires, afin de ne pas blesser le sentiment d'égalité qu'il convient de maintenir au milieu de la Société en de sages proportions.

Il sera possible aussi et avantageux d'accorder dans les compétitions quelques priviléges aux premiers numéros inscrits. Ce sera une prime équitable pour les souscripteurs qui auront été les plus empressés à se présenter pour faire partie de l'association. Cette faveur peut avoir lieu d'une foule de manières, et la Société les désignerait dans son règlement.

On voit, d'après ce qui vient d'être exposé, qu'il y a avantage à faire partie d'une Société mutuelle de constructions et à lui confier ses épargnes, puisqu'on ne peut jamais être plus retardé dans la jouissance de son immeuble qu'on ne le serait si on épargnait isolément, et qu'au contraire, on entrera généralement beaucoup plus tôt en jouissance, par le fait seul de la mutualité qui emploie tour à tour l'argent des uns au profit des autres.

On voit, en outre, que les sociétaires favorisés les premiers peuvent laisser aux suivants une fiche de consolation en offrant à la Société le moyen de faire valoir à plus haut intérêt l'argent déposé.

Mais il y a encore d'autres avantages attachés à l'association : nous l'avons déjà dit.

Elle peut, avec l'autorisation de l'assemblée générale, acheter des terrains elle-même et profiter ainsi des bonnes occasions qui se présenteraient.

Elle peut également passer avec des entrepreneurs et des fournisseurs de matériaux des marchés dans des conditions que ne rencontrerait pas un épargneur isolé.

Enfin elle peut obtenir des avantages tout particuliers de la part des gros détenteurs de surfaces propices à la construction.

En effet, la présence de villages semblables à celui de l'*Avenir* ne manquera point d'accroître la valeur des terrains environnants, et tel propriétaire qui devrait attendre un nombre d'années indéterminé avant de vendre à un prix convenable de grandes surfaces de terrains liquiderait probablement son acquisition dans un très bref délai s'il parvenait à attirer sur quelques points de ses propriétés trois ou quatre de ces jolis villages organisés à la manière de celui de Romainville, qui a beaucoup de rapports avec les villages créés en Angleterre d'un seul jet par les grands seigneurs de ce pays.

La réunion de quelques milliers de personnes en une Société mutuelle de construction et de *prévoyance immobilière* serait donc, par ce seul fait, une sorte de puissance, non-seulement par le capital croissant qu'elle accumulerait en peu de temps, non-seulement par l'accroissement continu et certain qu'elle assurerait, chaque année, au capital déjà formé, mais encore par le fait seul d'une population disponible qui, en se portant sur un point ou sur un autre du pourtour de Paris, serait susceptible de faire la fortune des quartiers qu'elle adopterait.

On remarquera que dans ces Sociétés mutuelles personne n'augmente sa fortune par la diminution de la fortune d'autrui. Au contraire : car chacun, par sa présence, contribue pour sa part à la plus-value des terrains possédés par les autres.

Aucune spéculation de jeu ne peut trouver de place dans une Société de cette nature; elle ne comporte que la légitime spéculation d'un père de famille, qui, par ses économies et ses privations, achète en définitive la maison où il demeure, diminue ainsi ses frais de logement, et, par la plus-value naturelle des terrains, parvient à la longue à laisser à ses enfants un capital plus fort que celui dont il a fait, écu sur écu, l'accumulation continue.

Les opérations à longs termes, de la nature de celles des Sociétés mutuelles, reposant sur l'économie et le travail quotidiens, semblent devoir mériter particulièrement l'attention et la bienveillance du Gouvernement, car elles ne peuvent que développer des vertus appréciables : la *persévérance*, qu'il importe tant d'encourager en France ; l'habitude de l'*ordre*, si précieuse chez ceux qui n'ont que des ressources limitées ; la *force d'âme*, pour résister aux tentations et aux fantaisies imprévues ; la *patience*, qui enseigne à ajourner les jouissances à l'époque où, au lieu d'être ruineuses, elles ne représentent que le légitime revenu d'un capital laborieusement acquis ; le *calme*, qui résulte d'une position exempte de dangers ; l'*amour du logis*, qui s'alimente et s'accroît dans la jouissance d'une propriété ; l'*amour de la famille*, enfin, source vitale de tant de sentiments honnêtes. Ajoutons qu'au point de vue hygiénique, rien n'est plus propre à l'amélioration de la race que d'arracher les travailleurs aux rues étroites, aux chambres exiguës et surbaissées, aux cuisines asphyxiantes, aux cours et aux escaliers infects, pour les reporter au

grand air et à la pure respiration à pleins poumons,
dans le voisinage des champs.

Ce goût pour la campagne et pour les choses de la
nature se manifeste d'une manière bien sensible au village de Romainville : sur les 8 ou 10 lots de terrains ré-
servés les derniers par le sort pour recevoir leurs maisons, on voit de petites cabanes de bois construites par
la famille propriétaire, qui vient chaque jour de fête s'y
livrer à la culture des plates-bandes et des espaliers.

Quelle différence, pour la moralité et le bonheur pai-
sible, entre cette famille qui vient le dimanche chercher
dans les promenades champêtres et dans les soins rusti-
ques le délassement des travaux industriels de la semaine, et cette autre famille attablée dans les cabarets
des barrières qui fait succéder à la fatigue du travail la fatigue des boissons, et qui s'étourdit au lieu de se reposer.

Dans la première partie de cet écrit on a présenté
les Sociétés mutuelles de construction comme pouvant
contribuer à faire diminuer la cherté des logements
dans Paris, en favorisant la multiplication des maisons,
principalement sur les terrains qui existent encore dans
les faubourgs, auprès des fortifications et dans la banlieue.

On objectera que leur action est trop lente pour obtenir quelque effet dans le moment actuel, et que c'est
plutôt une bonne institution pour l'avenir que pour le
présent.

En admettant cette objection, il n'en résulterait pas
qu'il fallût ne rien faire. Au contraire, ce serait un

motif pour commencer au plus tôt. Si ce raisonnement avait arrêté M. Meissonnier en 1850, le village *L'Avenir* ne serait point aujourd'hui à peu près achevé. D'ailleurs, il ne paraît pas douteux au rédacteur de cette note que, si une Société mutuelle réunissait plusieurs milliers de petits et de moyens épargneurs cotisant régulièrement dans le but d'acquérir de petits et de moyens immeubles, on ne vît se former des réunions de capitalistes, de propriétaires et d'entrepreneurs, pour édifier sur des terrains d'un prix peu élevé des quartiers complets, composés de petites habitations dans le genre de celles qui prolongent et continuent la ville de Londres, si loin de la vieille cité, dans la campagne environnante.

Dès qu'une demande est prévue, l'offre ne tarde pas à se présenter ; c'est élémentaire.

Aussi, dès que l'association des épargneurs promettra d'émettre régulièrement des séries d'essaims, il ne manquera pas de se préparer des ruches pour les recevoir.

Ce peuple d'acheteurs appellera l'attention et provoquera, chez les seigneurs du sol et de la vente, l'édification des maisons : car ces individualités organisées auront un crédit *collectif* bien supérieur à ce que serait la somme de chacun des crédits individuels.

Il résultera donc du fait seul de la création d'une nombreuse société d'épargneurs à petite cotisation périodique l'édification immédiate d'un grand nombre de constructions préparées par avance par les capitalistes, par les détenteurs de terrains, par les détenteurs de matériaux, et par les entrepreneurs, qui enrégimentent la main-d'œuvre.

Les sociétés mutuelles de construction n'auront donc pas seulement d'effet pour l'avenir, mais elles jouiront d'une influence prochaine sur l'accroissement des constructions, et par conséquent sur le prix des loyers.

Nous avons dit, en passant, que la Société mettrait d'abord en son nom l'immeuble attribué à l'associé et le conserverait ainsi jusqu'au payement intégral.

Peut-être jugera-t-on que l'immeuble pourra être mis plutôt au nom du sociétaire, et que, lorsqu'une forte portion du prix aura été acquittée, on pourra opérer la mutation.

Quoi qu'il en soit, il faut considérer que ce n'est pas seulement pour cause de garantie qu'il convient de conserver l'immeuble au nom social, mais que c'est aussi dans l'intérêt bien entendu des sociétaires.

En effet, on ne peut se dissimuler que, *dans l'intervalle de* 15 *à* 20 *ans*, il ne doive survenir une foule de changements dans la position des souscripteurs.

Tel qui avait compté demeurer à Paris sera conduit par l'intérêt de ses affaires ou de sa famille à s'établir en province ; tel autre aura acquis un maisonnette du côté de Charonnes, qui trouvera mieux son compte à venir aux Batignolles, ou bien à quitter les Batignolles pour Billancourt. Celui-ci, bercé par le succès, voudra passer d'une cotisation minimum de 5 francs par mois à la cotisation mensuelle maximum de 50 francs ; celui-là, au contraire, en butte à la méchante fortune, sera obligé de réduire ou même de supprimer tout à fait sa cotisation. Ici une déconfiture, ou une faillite, ou une conduite désordonnée ; enfin, la mort d'un chef de famille empêchera les enfants ou les neveux de continuer les cotisations. En de telles circonstances, il importe qu'il y ait toute commodité pour faire passer l'immeuble, tant qu'il n'est pas acquitté, d'une main dans une autre, et de faciliter la mutation, dans les conditions et avec les restrictions prudemment inscrites dans les statuts. Or cette mutation serait fort difficile, souvent hérissée de difficultés légales, et toujours accompagnée de grands frais, si l'immeuble n'était maintenu au nom de la Société jusqu'à parfait ou presque parfait payement.

Il convient particulièrement, d'ailleurs, à la nature même de l'institution, et pour qu'elle porte tous ses fruits moraux et matériels, que le propriétaire nominal de l'immeuble demeure à l'état de *sociétaire*, soumis aux règles de l'association, jusqu'à l'accomplissement intégral de ses obligations : vis-à-vis sa Société et vis-à-vis ses collègues, le sociétaire sera moins enclin à dédaigner ses engagements que vis-à-vis le simple vendeur d'un immeuble.

Je termine ce fascicule en insistant sur une réflexion que tous mes lecteurs auront pu faire, mais qu'il importe cependant de mettre en saillie : c'est que, si *une Société mutuelle de construction* et de *prévoyance* ou *d'épargne immobilière* doit recevoir avec plaisir le concours des propriétaires de terrains, des détenteurs de matériaux à bâtir, des entrepreneurs de main-d'œuvre, des capitalistes prêteurs, *elle peut parfaitement se passer de tout ce monde* et accomplir cependant sur la plus large échelle son œuvre profitable et moralisatrice.

La mutualité, comprise de la population travaillante et épargnante, encouragée par des membres honoraires d'une haute position sociale, intellectuelle ou morale, pourrait, en peu de temps, réunir dans le département de la Seine cent mille personnes, depuis l'épargneur à 5 fr. par mois jusqu'à l'épargneur à 50 fr. ; elle pourrait voir à chaque exercice son capital s'accroître de plusieurs dixaines de millions, *sans payer à personne* ni commission, ni tribut. L'exemple de l'Angleterre, où nous apercevons des cotisations annuelles s'élevant à soixante millions, nous permet de penser que le peuple des épargneurs de Paris, bien dirigé, suffirait pour porter, en peu de temps, la puissance de la caisse de la Société au niveau de celle des grands établissements d'argent ou de crédit que renferme la France.

P. C.

7805 — Paris, imprimerie Guiraudet et Jouaust, rue Saint-Honoré, 338.

DES SOCIÉTÉS MUTUELLES

DE CONSTRUCTION

ET

DE PRÉVOYANCE IMMOBILIÈRE (1)

(BENEFIT BUILDING SOCIETIES)

Par P. C.

Ancien Ingénieur au service de l'État

(SUITE DU PREMIER FASCICULE.) — PRIX : 30 CENTIMES.

La création de hameaux ou de villages dans le genre de celui de Romainville ne peut constituer qu'une partie des opérations d'une Société mutuelle de prévoyance immobilière, surtout dans le département de la Seine.

Il faut, en effet, trouver d'abord un terrain à peu près d'un seul tenant, contenant au moins deux hectares et présentant des aboutissants ou des issues convenables. Ce terrain ne doit point être d'un prix trop élevé, sinon les cotisants ne le payeront que très lentement, et, les constructions ne s'élevant pas dans les premières années, l'affaire languira, sans profiter de l'entrain qu'excite chez les sociétaires la vue des premières maisons bâties.

Il faut encore rencontrer ou rechercher des sociétaires de *bonne qualité*, qui, étant à peu près de même rang social et d'habitudes semblables, consentent à accepter une règle commune et y persévèrent.

Enfin, il faut découvrir un administrateur qui réunisse les qualités du maire à celles de l'homme d'affaires.

(1) Voir p. 37 les bases des Statuts projetés d'une société mutuelle pour le département de la Seine.

Sans insister davantage sur les difficultés inhérentes à la création d'un village, difficultés si heureusement surmontées par M. Meissonnier à Romainville,
il est facile de voir que, si, à Paris et dans le département, une Société mutuelle voulait se borner à la création de villages, elle restreindrait beaucoup le champ
de ses opérations et ne remplirait qu'à demi sa mission.

Dans la pensée du rédacteur de ces notes, une Société
mutuelle pour le département de la Seine doit laisser aux
sociétaires toute liberté pour acquérir des terrains nus
et de petites maisons, dans toute l'étendue du département ; elle ne doit pas leur imposer plutôt un lieu
qu'un autre ; elle doit les laisser profiter des bonnes
occasions qu'ils peuvent rencontrer.

Si elle achète elle-même quelques terrains pour
morceler, c'est parce qu'il est généralement plus
économique d'acheter en bloc que d'acheter en détail,
et qu'il se présente souvent d'excellentes aubaines
pour celui qui a de l'argent comptant ; si elle fait construire de petites maisons, c'est qu'en général elle
pourra ainsi en fournir de mieux appropriées et à plus
bas prix.

Mais d'un autre côté, l'intérêt individuel des sociétaires les excitera à rechercher eux-mêmes des
terrains et des maisons à leur convenance ; leurs relations de commerce ou de parenté donneront lieu à une
foule d'arrangements et de combinaisons dont l'industrie privée, seule, sait tirer avantage, et qui ne pourraient être prévus ni même acceptés par une Société.
Tel petit propriétaire dans un faubourg pourra, par des

sentiments de famille ou des intérêts d'affaires, céder à son parent, ou à son associé, ou à son client, une partie de jardin ou de cour propre à une construction, et ne l'aurait jamais fait comme spéculation.

On rencontre des salariés du plus petit salaire, qui concentrent leurs économies sur un petit terrain et se bornent à payer peu à peu cet achat dans les premières années, se préoccupant peu de la perte d'intérêt. Plus tard, ils profitent des démolitions du voisinage et amènent quelques charretées de moellons, quelques poutrelles, quelques douzaines de planches, des portes et des fenêtres toutes faites ; puis, un beau jour, après avoir ramassé encore quelques économies pour acheter de la chaux et payer de menues dépenses, ils élèvent, avec l'aide de quelques parents et amis, une maisonnette ou un hangar où ils établissent leur petit commerce. Le sol est leur caisse d'épargne ; ils le font fructifier avec leurs bras et avec le secours des bras de leurs camaradse, qui leur réclameront une autre fois un semblable service.

La location de terrains nus, à long bail, offre encore à un ouvrier laborieux les moyens de s'assurer une habitation à bon marché pour le temps de travail qu'il compte passer à Paris avant de retourner en son village. Dans les faubourgs de la capitale, il se trouve encore, en effet, soit au bout de longs passages, soit dans des rues peu fréquentées et écartées, des terrains sur lesquels les propriétaires n'ont pas les moyens ou la volonté de bâtir, et que l'on peut louer pour vingt à vingt-cinq ans si l'on en offre un prix de location plus avantageux que l'intérêt de leur valeur vénale actuelle.

En bâtissant très légèrement à un ou deux étages, sans caves, on peut se procurer un logement très économique, dont il ne s'agit que de payer l'annuité pour le sol et de former l'amortissement pour la construction. Mais, comme en général les terrains de cette nature sont vastes, un propriétaire n'en détachera pas une parcelle pour une demande isolée ; il traitera beaucoup mieux avec une Société qui cherchera parmi ses membres les personnes à qui pourront convenir les autres parcelles de ce terrain. En supposant un terrain loué 4 fr. le mètre carré (on en trouve à un prix très inférieur), on pourra louer, au prix de revient, des chambres à raison de 5 à 6 fr. le mètre carré à chaque étage ; dans des conditions analogues ont les loue actuellement à raison de 10 et 12 fr., et au delà.

On voit, d'après les indications précédentes, qu'il peut être avantageux, dans la plupart des cas, de laisser aux sociétaires eux-mêmes le soin de découvrir des occasions favorables, et que la Société *devra réserver en espèces* probablement la plus forte portion des sommes qu'elle recevra périodiquement, *afin de faire des prêts* à ceux des sociétaires qui auront rencontré des occasions sûres et avantageuses.

AVIS. — En indiquant dans les pages qui suivent les bases des statuts d'une Société mutuelle pour le département de la Seine, le rédacteur n'a eu d'autre but que de fournir un aliment à la discussion des statuts définitifs. Il prie les personnes qui ont bien voulu parcourir cet écrit et qui en ont apprécié les principes d'avoir l'extrême bonté de lui renvoyer ce projet de statuts avec leurs observations : des pages blanches ont été réservées à cet effet.

BASES DES STATUTS

D'UNE

SOCIÉTÉ MUTUELLE DE CONSTRUCTION

ET

DE PRÉVOYANCE IMMOBILIÈRE

POUR LE DÉPARTEMENT DE LA SEINE.

———

Le but de la Société est d'offrir aux sociétaires le moyen de s'assurer, au meilleur marché possible, par le payement d'une petite cotisation hebdomadaire ou mensuelle, soit la propriété d'un petit immeuble, soit la jouissance d'un bail à long terme.

La durée de la Société sera indéfinie (1).

Le nombre des sociétaires est illimité.

On est admis sociétaire par l'adhésion aux Statuts, qui contiennent l'obligation de verser une cotisation périodique et de payer un droit d'entrée égal à cinq fois la cotisation mensuelle.

On cessera d'être sociétaire lorsque l'accumulation des cotisations et des bonifications annuelles aura

---

(1) Mais un sociétaire n'est pas tenu de rester indéfiniment sociétaire, comme on le verra plus loin.

produit une somme égale à 400 fois la cotisation mensuelle ; ce qui, à l'intérêt de 5 p. 100, équivaut à vingt ans environ de cotisation.

On pourra aussi cesser d'être sociétaire par une interruption d'une certaine durée dans les cotisations. Le règlement déterminera dans ce cas la pénalité et les conditions du remboursement (1).

En cas de décès, les héritiers auront la faculté de se mettre aux lieu et place du titulaire ou de renoncer aux bénéfices de l'association ; et, dans ce dernier cas, le règlement déterminera les conditions de remboursement du capital.

Il pourra y avoir des membres honoraires qui cotiseront comme les autres, ou qui verseront des sommes diverses et qui renonceront aux droits d'acquérir des immeubles ainsi qu'à l'intérêt annuel de leur argent, sans réclamer leur capital avant un nombre d'années qu'ils auront déterminé d'avance.

(1) Il est évident que le sociétaire qui ne tient pas ses engagements trompe l'espoir de ses coassociés. En Angleterre, il y a, pour le retard, une amende qui se renouvelle à chaque période hebdomadaire jusqu'à payement de l'arriéré ; si le sociétaire ne reprend point les payements, les sommes déjà versées finissent par être absorbées. En France, cette pénalité serait repoussée comme très rigoureuse. Mais ce qui paraîtra juste, ce sera de considérer le sociétaire qui suspend ses cotisations comme un simple membre prêteur auquel on payera annuellement l'intérêt de son argent, mais qu'on ne remboursera que dans les conditions du remboursement des prêteurs.

OBSERVATIONS.

Il y aura dix classes de cotisation, afin de répondre aux convenances diverses des petits épargneurs.

La 1re classe versera 5 fr. par mois; la 2e classe, 10 fr., et ainsi de suite jusqu'à 50 fr. par mois. On répartira les frais généraux et les intérêts par unité de cotisation de 5 fr.

Chaque cotisation aura son numéro d'ordre dans chaque classe.

La classe de 5 fr. n'aura droit qu'aux adjudications limitées à la valeur de 2,000 fr.

Pour la classe de 10 fr., la limite sera de 4,000 fr. Et ainsi de suite.

Pour la classe de 50 fr. par mois, la limite sera par conséquent de 20,000 fr.

Les souscripteurs seront divisés, dans chaque classe, par série de 500 personnes au plus. La série devra être d'un moindre nombre de personnes pour les dernières classes, dont la cotisation est la plus élevée. Chaque série sera considérée comme une société séparée dont les membres concourront exclusivement entre eux.

(Peut-être vaudra-t-il mieux, pour simplifier, ne faire qu'une classe de cotisants à 5 fr. par mois, et autoriser une même personne à souscrire jusqu'à concurrence de dix cotisations dans la même série.)

Une partie des fonds recueillis par les souscriptions sera destinée à des acquisitions ou à des locations de terrains à bâtir.

OBSERVATIONS

Une autre partie sera destinée à élever des constructions sur les terrains achetés ou loués; ces constructions, ou même ces terrains nus, dûment lotis, seront
offerts aux sociétaires.

*Enfin, une troisième partie sera destinée à être prêtée
aux sociétaires pour l'acquisition d'immeubles en dehors
de ceux possédés par la Société, pourvu toutefois que la
Société juge suffisante la valeur de ces immeubles.*

Les fonds des membres honoraires seront employés
en faveur de la 1re, de la 2e classe et de la 3e classe.

Le conseil d'administration déterminera le lotisse-
ment de la manière qu'il jugera être le mieux en rapport avec les convenances de fortune et de position des
sociétaires et avec la situation de chaque classe et de
chaque série. Il réglera aussi, selon les circonstances, la portion des fonds sociaux qui devra être em-
ployée en immeubles et celle qui devra être offerte en
espèces aux sociétaires. Il proportionnera avec le capital de chaque classe et de chaque série les immeubles
qui pourront être offerts aux sociétaires. Il conduira les
opérations de manière que le montant total des adjudications en immeubles et en espèces, soit pour chaque
classe et pour chaque série, proportionnel autant que
possible au capital versé par la série et par la classe.

Il fixera les valeurs relatives des parcelles de terrain
selon leur position, lorsqu'il sera nécessaire de morceler une surface acquise d'un seul bloc.

Il décidera si les terrains acquis doivent être offerts

OBSERVATIONS.

aux sociétaires à l'état de terrains nus ou à l'état de terrains bâtis, etc. etc..

L'agence de la Société recevra à cet effet les propositions et avis des sociétaires, mais à titre de renseignements seulement et sans que le Conseil d'administration soit tenu de s'y soumettre.

Aussitôt qu'il y aura lieu à des attributions de terrains ou de constructions, les sociétaires en seront avertis, et l'agence inscrira, avant l'adjudication, les noms des sociétaires qui se proposeront de soumissionner les immeubles à mettre en adjudication.

La mise à prix sera fixée au prix de revient, y compris les frais généraux, plus cinq pour cent destinés à un fonds de réserve au profit de l'œuvre. A la liquidation de la Société, si jamais elle se liquide, le fonds de réserve appartiendra aux hospices.

Nul ne pourra être inscrit pour les adjudications s'il n'est au moins depuis six mois sociétaire et s'il ne possède au crédit de son compte-courant une somme égale au moins au dixième de l'immeuble mis à prix, ou bien s'il ne justifie de la possession d'une semblable somme en dehors de la Société. Le Conseil appréciera la justification.

S'il y a concurrence sur un même immeuble, l'attribution sera déterminée par des enchères limitées, suivies d'un tirage au sort, si plusieurs concurrents ont atteint lesdites limites. (Voir pour les détails la page 21.)

OBSERVATIONS.

Ces limites, qui seront déterminées par le règlement, ont pour but d'arrêter la hausse des enchères à un taux qui ne soit pas hors de la portée de tous les membres de la Société. On pourra aussi recevoir des soumissions cachetées, pour éviter les imprudences qui pourraient avoir lieu à la chaleur des enchères.

Les sommes provenant des enchères seront réparties à la fin de l'année entre les comptes-courants de tous les sociétaires, tant participants qu'honoraires.

Dans le cas où la Société aurait bâti sur des terrains loués à long bail, la mise à prix des locations aura également lieu sur le prix de revient augmenté de 5 à 10 p. 100 pour le fonds de réserve ; mais dans le prix de revient entreront l'amortissement de la bâtisse et la somme calculée pour l'entretien, les impôts et les non-valeurs.

(Peut-être serait-il plus simple, plus en harmonie avec l'esprit français et avec le sentiment d'égalité qui règne dans une association, de supprimer tout le système d'adjudication qui est indiqué, et de le remplacer purement et simplement par un tirage au sort entre tous les membres d'une même série. Dans ce cas on laisserait au sociétaire favorisé par le sort la faculté de céder son droit à un autre moyennant tels arrangements qu'il leur conviendrait de prendre entre eux. La cession des droits obtenus par le tirage pourrait être un appât, car dans ce cas le bénéfice que chacun retirerait de la faveur du sort serait individuel au lieu d'être au profit de tous.)

Dans le cas où la Société offrira aux sociétaires des sommes en espèces au lieu d'immeubles, les enchères seront faites d'après des principes analogues à ceux des enchères des immeubles ; mais les immeubles que les sociétaires auront en vue d'acheter en dehors de ceux que possède la Société, devront être désignés

OBSERVATIONS.

au Conseil d'administration , qui les fera estimer aux frais des sociétaires et qui déterminera , d'après cette estimation , quelle devra être la couverture à leur demander, si l'immeuble n'offre point par lui-même une valeur suffisante pour garantir à la Société l'argent qu'elle avance.

Les sociétaires adjudicataires ne seront pas obligés de prendre une part entière si une fraction de cette part leur suffit.

Afin de favoriser les premiers souscripteurs, il pourra être prélevé dans chaque classe, sur la seconde série et sur toutes les séries suivantes, jusqu'à concurrence de 5 p. 100 des versements, pour être avancés en prêt à intérêt à la première série qui en fera le remboursement avec ses cotisations mensuelles aussitôt que tous ses membres auront été servis. — Un prélèvement semblable pourra être fait sur la troisième série et sur les séries suivantes au profit de la deuxième, et ainsi de suite , sans toutefois qu'une même série puisse subir un prélévement de plus de 20 p. 100 pour être avancés en prêts à intérêt aux séries antérieures (1).

Les membres du Conseil d'administration administreront gratuitement. Il leur sera seulement délivré des jetons de présence d'une valeur matérielle insignifiante relativement à leurs travaux, mais dont le but sera de constater leur assiduité et leur zèle.

Il y aura des agents salariés dont les appointements seront fixés par le Conseil d'administration.

(1) Par ce mécanisme on voit que l'intérêt de chaque série, dès qu'elle aura été formée, sera de faire de la propagande pour former une série à sa suite.

OBSERVATIONS.

Lorsque la Société générale, reconnue établissement d'utilité publique, possédera des terrains d'un seul tenant d'une certaine étendue, elle pourra provoquer entre ses membres participants la formation de sociétés spéciales semblables à celle qui a établi le village de l'Avenir dans la commune de Romainville. Elle pourra encore traiter dans le même but avec des propriétaires de grandes surfaces.

Ces Sociétés spéciales s'administreront elles-mêmes dans tout ce qui ne sera pas contraire aux Statuts et aux Règlements de la Société générale ; elles feront leurs cotisations comme elles l'entendront, la Société générale jouant principalement vis-à-vis d'elles le rôle d'un propriétaire de terrains et de bailleur de fonds dans certaines limites.

Ceux des sociétaires qui voudront verser dans la caisse de la Société des sommes en compte-courant à intérêts en auront la faculté ; ils devront régler d'avance le mode et les époques de remboursement.

Une même personne pourra faire partie de plusieurs classes et de plusieurs séries ; toutefois, dans les assemblées générales de toutes les séries et de toutes les classes, aucun sociétaire n'aura plus d'une voix, quels que soient la classe et le nombre d'actions qu'il possédera dans cette classe. — Une même personne ne pourra posséder plus d'un numéro dans chaque série.

N. B. Rien n'a été formulé quant aux assemblées générales et au mode d'administration, parce que la Société suivra les formes et les règles adoptées par les Sociétés municipales de secours mutuels établies à Paris.

OBSERVATIONS.

LISTE

Des personnes qui ont l'intention de prendre part à la *Société mutuelle de constructions et de prévoyance immobilière pour le département de la Seine.* Cette liste n'aura de valeur que si cette Société est RECONNUE par le Gouvernement comme établissement d'*utilité publique.*

NOM et DOMICILE de L'ADHÉRENT.	SIGNATURE.	Chiffre de la cotisation mensuelle. N. B. La cotisation doit être un multiple de 5 fr.	OBSERVATIONS faites par le souscripteur s'il y a lieu, etc.

AVIS

Les personnes qui adhéreront sont priées d'envoyer leur adhésion et leurs observations par lettre affranchie à l'auteur, chez M. GUIRAUDET, imprimeur, ancien président du Conseil des Prud'hommes, rue Saint-Honoré, 338.

Aussitôt qu'il y aura un nombre suffisant d'adhésions, les principaux fondateurs seront convoqués afin de rédiger, après avoir pris connaissance des observations qui auront pu être faites dans les lettres d'adhésion, les Statuts définitifs destinés à être soumis à l'autorité compétente pour demander, en faveur de la Société, la reconnaissance *comme établissement d'utilité publique :* plus il y aura d'adhésions, plus l'*utilité publique* sera démontrée.

7861 — Paris, imprimerie Guiraudet et Jouaust, rue Saint-Honoré, 338.